질경이

강미자 시집

문예연구사

| 시인의 말 |

늦은 나이에 만난 시와의 인연
가슴 따뜻한 말들을 쓰고 싶었는데
마음 같지 않았다
흉허물이 빗장 느슨한
칠순의 고갯길에 슬쩍 딸려 보낸다
늘 격려해 주신 남편과 가족들
시로 인한 모든 만남들께 고마움을 전한다
생이 다음 장으로 이어진다면
가슴 찡한 시를 쓰보고저하는 바램도
욕심일까

20013년 초여름
강 미 자

차례

1

2

3

4

5

1

질경이

질경이를 뽑는데
돌아가신 할머니 소곤소곤 곁에 앉으신다
아가야 빼뿌쟁이씨 기름으로 불 켜면
죽은 사람이 보인다더라

옛날에 한 부잣집 마님이 자식 없이 떠난
남편이 하도 보고 싶어 제삿날 불을 켜 봤더란다
히죽히죽 대문을 들어선 망자가
제사상을 휘 둘러보고
훤한 달빛을 밟으며 들을 걸어가더란다
따라가 보니
소작인 오두막 어린 모자가
물 한 그릇 밥 한 그릇 정갈히 차린 제사상에
흠뻑 웃으며 남편이 절을 받더란다

할머니 그래서 우겠는데

밟고밟히며 길섶에 사는 풀에게도
이승저승을 보여주는 신통력이 있다

니만 장이가

— 하미애에게

니만 장이가 나도 장이다
교장실 문을 박차고 들어선 아버지
초등 일학년 때
빵소니차에 치어 식물인간이 된 다섯째 딸을
사람 안 된다는 이웃 만류에도
논 일곱 마지기 팔아 일 년 반 만에 살려낸 아버지
딸이 제 반 친구들과 공부하겠다고 떼를 쓰자
여섯 달 동안 손수 가르쳐 교장실에서 시험을 치렀다
62점을 받자 그럼 그렇지 내 새끼지
딸을 안고 덩실덩실 춤을 추시던
참외 순이 대문을 넘어가도 읍내로만 도시던
누리미마을 이장님

아버지 애골 뽑은 그 딸
진영 벌을 콧잔등에 지고
대한생명 보험사원으로 외아들 정호 엄마로
차돌 같은 시인으로 굴러다닌다

봄날

차들이 그늘을 몰고 나간
아파트 마당
햇빛이 환하게 쓸어 놓았다

아내 먼 길 보낸 남자
병든 어머니 운동시킨답시고
서로 몸을 동여매고
왔다 갔다 하고 있다

홀아비 삼 년
치매 삼 년

덜 깬 밤술 냄새 풀풀 날리며
만국기 없이도 제법 발이 맞다

봄

말 탄 사월이 어사화 꽂고 스쳐간다

마산에서 배둔까지 오가며 한 시간
침 맞고 뜸질 방에서
할머니들 이야기보따리가 정겹다
용담마을 두 대문 집에는 밤에 씻어 놓은 봄똥 속에
집 찌기미 들어 있는 줄 모르고 삶아 먹고
살림이 망했다는 이야기
화촌댁은 벼 대신 취나물 몇 마지기 심어
올해 이백만 원 넘게 했다는 이야기
대실마을 도갓집에 딸 같은 집난이와 야반도주한 남편이
늙고 병들어 기어들어왔다는 둥
법당은 일그러져도 부처들는 초롱하다
흙을 헤치며 살아온 사람들과
아파트 한 평 더 늘리려고 갖은 잔머리
굴리며 살아온 내가
감자를 나눠 먹으며 천연스레
고장 난 시계 속으로 삭아간다

시월 어느 좋은 날 생긴 일

물 한 병 사과 한 알 부글부글 괴는 남편까지 배낭에 넣고
나선 길
미선이 등 붙이고 살고 있는 성불원 찾아
어림잡아 한 시간이 두 시간을 넘어
고갯마루에서 샂갓만 한 어촌을 내려다본다
다닥다닥 집 여남은 채
북치고 꽹과리 치고 온 동네가 난리 법구가 났다
벌건 대낮에
이 방 저 방 음식 차려놓고
울긋불긋 무녀와 법사
온갖 감언이설로 영혼들을 달래고 겁박을 하고 있다
숭어도 굿발 좋게 뛰고 있다

집 나온 지 삼 년
미선이 얼굴보다 몽롱한 가을 햇살
여기가 귀신들의 모텔인가
귀신들도 한두 시간쯤 살다 가야 하나
그물 꿰매는 초로의 남자 팔뚝 굵고

점심 권하는 모텔 주인남자는 초등학교 후배라니
육십 년 전에 죽은 전생인가

절절하고 애목 터지는 이 광경은

줄

청량산 2킬로쯤
가슴을 가로막는 줄이 있다

아침에 거미를 보면 재수가
줄줄이 내려온다고
등굣길에 헛간에 들러 거미와 눈 맞추고 갔다
비오는 날이면 처마 끝에 알록달록 엉덩이로
은방울 조롱조롱 달아주곤 했는데
늘 꼴찌만 하는 딸
어느 해 운동회 어머니는 이 악물고 달리고 달려
결승 줄 안고 넘어져 볼에 외팔을 갈았었는데

과거로의 즐거운 여행을 하는 동안
아침밥 늦었다고 투덜대며 다시 줄을 걸고 있는지

우산리 포구나무

황색 깃발도 내렸다
청색 깃발도 내렸다

백 년을 더 살았어도
챙긴 핏줄 땅 한 평 없이

선 채로
산 채로

길이 된다

그리움도 낡아간다

아버지 마지막 사업은
이웃마을 논까지 빌려
군청에 어린 뽕나무 납품하는 일

1969년 큰물 쏟아붓고
모진 바람 산천을 뒤흔들어도
돌 너드랑 같은 뱃속 암 덩이는 꿈쩍도 안 했다

이 도장 하나면 너거들은 살 끼다
부르는 대로 받아 적어라
아버지는 한문으로
딸은 한글로
힘없이 내려 보시는 눈
늙은 딸은 아직도 신문만 겨우 뒤적이며
젊은 아버지를 떠올립니다

새벽 밥 드시고 나가셔도 늘 파장이다
아버지 장은

제대 말년

개구리 반 사람 반
전곡 가는 기차

짓궂은 웃음에 기차는 서고

비둘기호가 늦게 온 변명 들어 봤어요
통일호 마주 오면
못 이긴 채 멈춰서고
새마을 숨소리 들리면
납작 엎드렸다 왔다네요

포항제철에 실려 갈
육군포병 박병제 8인치 대포

포마드 잔뜩 바른 채
차렷차렷

면회

불판 위 꽃등심 돌아눕히고
바람나무 등 기댄 평상
개구리 멀뚱멀뚱
엄마 그새 와 이리 삭아뻿노
한사코 어미 주름살만 트집이다

강서구 화곡동 소총부대가 면회를 하고 있다

꼬리

오십 넘은 여자는 눈먼 개도 안 돌아본다는데
아직도 길 가다 부르는 소리만 들리면
꼭 돌아보고야 만다

새벽이슬 무릎 적시며 책 보따리 메고
내 이름 부르며 뛰어오던 초등 순심이
어느 사내 가슴에 점을 찍었나
헷갈리는 이 세상 길 잃지 말고
잘 살아가라고 아버지가 내게 주신 정표
미찌꼬 우리말로 미자
어머니 가끔 눈 흘기시며
니 이름 그거 너거 아버지 좋아했던 기생 이름
일 끼다
그럼 어때서
아버지 함박웃음소리 들린다

이 좋은 가을 딱 일주일만 다녀가셨으면

남편

잠든 모습에는 늘
눈물이 말라 있다
어려 부모님을 잃어서인지

딱히
타고난 솜씨도 바지런함도
살랑거리지도 쪼도 못 빼는 주제
말벗으로나마
칼끝 부딪치던 젊은 시절
친구들과 수다로 늦은 저녁에도
밥상 위엔 늘 말 반찬

사랑이 뭐 별것이냐
가랑잎 둘 나란히 떠내려가다
폭포 만나면 갈라지고

사랑 간판 뒤에
웬수도 숨어있지 아마

할머니

반닫이라 부르면
넘이 웃는다

그래도 우리 할아버지
늦장가에 어린 신부 얻는다고
지게 목발 탈탈 털어
구름무늬 오동 궤짝
등에 지고 덩실덩실 예순 해
늘 열린 길갓집
문화재 조사반이 들락날락
할매 호마이카 장롱 사 주께
나 주소

그 등살에
우리 집 마루로 피해 와
옹고조촘 앉아 계신다

김해 분산성

나이 먹으니
옛것은 애틋하고
오는 것은 두렵다

산성마을 오리 불고기 한 점
막걸리는 더 달고
억새 헤치고 봉수대 오른다

전설이 버스 꽁무니 매달고
이리저리 돌아다니는 시가지
아직도 성을 쌓고 있다
몰려오는 왜구 대신
쓸쓸한 배춧잎

허황후가 걸어가고 있다

분당 가는 길

하지 지나면
쭉정이 된다고

비에 바람에 철 늦은 태풍 이기며
이 악물고 곳곳이
낱알을 익혔다

겹겹이
누더기 오래
풀 빠진 햇살
슬금슬금 꽁무니 빼고

얼 가실에 중늙은이
얼어 죽었다는 소리

고속버스가
힐금힐금 넘겨다본다

옥계

청솔 불쑥불쑥
내려앉은 마을

거품 무는 낚싯배
바람난 추젓 냄새

예순 딸이 감당 못할
팔순 노모 내려놓고

걸음아 나 살려라
삐꿈이 내려다보는 고갯길

회갑

마흔 해 잘 살았노라고
해인사 부처님께
남편을 소개드린다

천지가 꽁꽁 얼어붙은
섣달 열엿새 인시 예불

달도 움츠리고 입김만 후후 어는데
느닷없이 멱살 잡는
남편의 요로결석

앰뷸런스도 덩달아 회갑했다

폭염

아침 마실 나가신 할머니
담뱃대 휘저으며 큰일 났다 우짜것노
세무서서 술 치러 나온단다
새벽에 거른 탁주가 바가지 동동 이고
굴뚝 뒤로 고방으로 텃밭으로
낮술까지 먹은 놈
온 마을이 벌 나라래*를 했다
너른 마당에 쭉 잡혀 나온 거른 놈 괴는 놈 갓 담근 놈
도만이 할매 사설도 줄을 섰다
선상님 좀 봐 주이소 황장목 넣은 약이라예
다리 아픈 데 묵을라고 아나 곶감아
오뉴월에 황쇠 불알 떨어질까
삼거리 도가 주인 놈이 찔렀을 낀데
그때 웅성웅성 사람 비집고 할아버지 삽괭이가
술동이를 박살내고는 들로 달아나셨다
우리 할아버지 면서기 아들을 믿고 그랬을까

잘 익은 술독에 단발머리 차오르던
그해도 올같이 징글징글 더웠다

---

* 벌 나라래 : 벌들이 벌통에 들락날락하는 모습

나른한 여름

윗담 아랫담
새끼 도랑이 편을 가르고
뽕나무 서너 등걸 얼기설기 다리랍시고

할아버지 삽괭이
보리 뜨물 같은 안개 데리고
마을로 들어서면

눈곱 비비던 물동이
부끄러운 판줄 엄마
자불자불 우더락비 콩잎 깨우고

흙탕물에 휩쓸린 냇가 우물
저승에서 이승 보는 듯

지나가는 봄

아픔도 추억도 별로 없는 고향

조그마한 밭뙈기 하나
성가시게 불러
두충나무 감나무 남새밭
독새끼 개망초
뽑아주고 북돋워 주고 오는 길
옥천댁 아지매를 봤다

민들레 체머리 흔들며
위태위태 진 나물 보따리
가까이 부르면 삭아버릴 것 같은
내 어머니를 감천댁이라 부르던

버스가 저만치 온다

두릉댁

넘자넘자 어여 넘자
꽃상여 쉬어 넘던 인곡고개

배고픈 서모살이
딸랑딸랑 방물장수
열네 살 새색시 밥 냄새 따라간

오뉴월 모진 서리
박씨 문중 휘감았다

칠월 백중 영가천도
위패 뒤에 숨은 할매

엎드린 박씨 종부

마산 · 1

이천십년 칠월 일일
버스가 시청을 지나는데
합포구청이라 방송을 한다
이럴 줄 알았지만
잠시 억울한 생각이
여기서 나고 자라 도시와 같이 늙어가는
딱히 이 도시를 위해 한 일은 없지만 그래도
육이오 겪었고 삼일오 때는 데모도 했고
오일육을 거쳐 도시가 발전하는 모습도 보고
자식들 낳고 키우고 결혼시키고
이름이 바뀐다고 땅이 물이 공기까지 바뀌나
친구들도 그대론데

그래도
무언가 어쩔 수 없이 밀렸다는 기분
미장원에서 이제 머리 모양을 좀 바꿔보란다
더 좋아진다는데 그리 해보이소

내가 뭘

마산 · 2

신포동 매립지 완성되고 아스팔트 깔고
시민들 갯바람 밤 마실 즐기고
고래고래 환경단체
시민에게 공원부지 만 평만 달라
현수막도 덩달아 보챘는데
은근슬쩍 삽질 소리 들리더니
아파트들이 바다를 가로막고 섰다

그곳에 삼일오 문화관을 세웠으면
선구자 흐르는 음악관도 옆에 있으니
밤이면 무지개 분수도 올리고
새 다리 위를 지나는 차들이 황홀까지는 했겠냐만
가당치도 않은 한 시민의 헛된 꿈

이제
내 고향 남쪽바다도 도시의 이름도 바뀌었는데
쯧

태풍 매미

불 끄고
숨 끄고

플래시불 꽝꽝
안방에 숨었다

여보 여보
어디 통장

숨긴 것 없소

치상길

부산 노포동에서 강릉 가는 무정차

밤새 들이킨 소금물에 몸부림치는 바다
위험 모르고 불쑥불쑥 나서는 모퉁이들
논골담길에 허리 휜 시당숙
평생 되돌아 오고팠던 이 길

망자와 눈 찍고 돌아온 열두 시간이
빗속에 눈을 감는다

설렘

너를 기다리며
한 땀
한 땀
깁는 눈꺼풀

배냇저고리 달고 나온
박
지
혜

해바라기 베개

이모는 삼 년 만에 시댁에서 밀려났다
뱃속에 씨앗이 자라지 않던 이모
삯바느질로 살면서 귀는 늘 남편 쪽으로

새 여자가 들어와
떡두꺼비 같은 아들딸을 쏟아 놓고 산다는데도
담장 너머로 목을 해바라기처럼 뽑아올렸다
이모부가 교통사고로 떠났다는 소식에
외할아버지는 그놈 천벌 받았다고 말렸지만
몰래 달려가
남편의 그림자를 품고 와 잘 키워 장가보내고
먼 길 떠나면서 가진 것 다 주고
이모의 유품 속에 엄마도 몰랐던
신방 베개가 숨겨져 있었다
이모는 베개를 안고 저승에서
남편을 잘 찾았을까

떠나시던 날 노을이 참 고왔는데

절골

손부야 담뱃불 붙여라
오금 저리던 칠 년

시할머님 산소는
적삼깨나 적시는 밤나무밭

멧돼지 밤 까먹고 젖먹이고
새끼 까먹고

손자라면 자다가도
손부 빰치던 권 예자 순자 할매

멧돼지한테
꼼짝없이 잡혔다

금낭화

금낭화 두 포기를 얻어 왔다
낯가림하는지 비실비실 해를 넘기고
이듬해 조롱조롱 빨간 등을 내걸었다
동생에게 한 포기 떠 준 뒤

두 해 만에 간신히
눈을 뜨고 물을 찾는다

인곡

—고 장상열님에게

천막을 흔드는 바람 소리
칠순을 넘긴 노신사들이 앞서간 친구의 무덤 앞에
모였다
생전에 동창 일 이웃 일에 늘 코끝이
붉게 다녔고
재학 시절 전국암산경시대회에서 모교 마산상고를
빛낸 벗을 기리며
우정의 돌을 놓는다

남편 대신 감사의 시를 읽는 아내의 목소리는
눈물에 메이고
고인이 즐겨 부르시던 봄날은 간다가
색소폰 소리 타고 빗속으로 흘러간다

그날
땅속 주민들도 따라 흐느꼈을까
산 자나 죽은 자나 나름의 봄날은 다 있었으리

번개시장

노년 사업가들
골목골목을 밀고 다닌다
폐지와 빈병은 돈이 아니라더냐

댓거리 발전소 자리
주일 새벽이 일어선다
인근 시골에서
상추 배추 오리알 말린 개구리
산초잎 고춧잎 빼때기
별별 먹을거리 뚝딱 차려진다

낡은 비닐 같은 웃음
새댁 우리 묵을라고 침 한 번 안 뱉은기요
부르튼 손이 오고 간다

가난에는 정년이 없다

석굴암 해돋이

—율촌을 보내며 현덕이

그날 떠오르는 해 참 좋았고
부처님도 우리를 따뜻이 맞아주셨지

일주일 동갑 자네와 나 자식들 힘든다고
칠순여행을 갔지
천 년 약수도 마시고
남산 오르며 만나는 부처마다
건강하게 잘 살게 해달라고
당부했는데
나 몰래 떠날 준비한 자네

이제 이승저승 경계가 무너져버렸네
(난 자네 걱정 한 번 못해 봤는데)

가뭄 비 차표였던가

늦여름

뒷골 콩밭을 놈들이 다 망친다고
젊은이 몇이 몽둥이 들고 나섰다
쓸개 없는 놈이 쫓기다 우뚝 서고
마침내 날쌘 삼촌 손에 딱 걸렸다
살아 껌벅이는 눈
나는 마당에 신 날리고 숨었다
노루 잡은 작대기 삼 년을 울린다는
할아버지 서늘한 말씀

세 번 장가에
차 사고로 돌아가셨다

그 콩밭에 지금도 삼촌은
눈 껌벅이며 서 있을까

마지막 복

새로 이사 온 집
마루를 닦다

며칠 전
세수하시다
칫솔 들고 떠나신 어머니

저승이 무슨 마실이던가

내 장롱 구석구석 어머니 목소리
가만 놔두라
또 팔 아플라
말 떨어지기 무섭게
손발이 앞서시던 팔순

지옥도 힘차게 밀고 건넜으리

어차피 다 주고 가실 양이면
그 복마저도 나 주고 가소

세월

살다 살다 오래 사니
자식이 어른이 되어
별별 참견 다하네
이러지도 마라 저러지도 마라
지들은 온갖 짓 다하고 다니면서
어미는 어디 사람 아이가

바람이 벚꽃 치마를 찢는다

이사

재수 좋은 년은 자빠져도 총각 무르팍

하필
오고 보니 냄새 좋은 동네

등짝 갈빗집에 붙은 옆구리 참기름집
기름집에는
양심 참기름에 늘 핏대 올리는 털보영감
해 종일 마늘 까는 할멈
웃다가 낳는지

가게 골방에 손자손녀 네 식구 콩나물 잠을 자는지
따로 꿈을 꾸는지

오는 바람 가는 바람 고소하다

소머리

새벽 총소리
죽음을 안고 뛰어든 반공포로
삼베바지는 할아버지를 마구 흔들었다

뒤따라 들어선 어마무지 큰 할로 갓뎀
총부리 겨누며 집안을 샅샅이 뒤졌다

햇살이 능청시리 마루에 앉을 무렵
향내 나는 거름 속
그를 툭툭 털어내고 자기 아들이란다
울 할매 함경도에 절대 안 갔을 낀데

이듬해 장가도 보내주셨다

그날 우리 헛간 누에 산데미는
반공포로들의 상여가 되어 피 흘리며 딸려갔다

저승에서 물을까
젊은이 고향이 오덴교
(1952년 가포 반공포로석방)

버스

버스가 아기를 삼킨다
이리저리 눈을 굴린다
머리를 살짝 만진다
아기가 쳐다본다
아기가 고개 돌린다
아기가 다시 본다
아기가 눈썹을 내린다

짧고 가는 다리 위에
엄마 포대기
참 낡았다

문서

아들 살림 돕겠다고
새벽 몰래 폐지 주우러 다니시던 어머니
떠나시면서
여기저기 닮은 사람을 심어놓으셨는지
길 건너다 손수레 할머니에게도
어시장 동태장수에게도 언뜻언뜻 어머니가 보인다
저분들도 내 어머니처럼 빚쟁이들일까

시도 때도 없이 불쑥 들어서시던 어머니
전화 좀 하고 오시지
우짜건노 에미 니가 내 아랫목 아이가

점점 가스비도 오르는데
어디에서 문서는 찾으셨는지

청송 가는 길

살아서는 누구에게 누구였을 사람들이
더 크고 더 작은 집을 짓고
마을을 이루고 있다

가덕첨사밀양박공인재지묘
학생밀양박공우환지묘
이력서 한두 장은 들고
저승 건넜으리

비 아니 오면 청송이 아니라던가
꿀풀 윙윙
집들 위로 눈 시리다

산 노인 나물 보따리
잔대만 가득하다

봉암수원지

솔바람 그늘이 평상이다
왕버들 늘어지고
안개비가 날을 잡는다

산소통 지고 바다에 들어간 아들이
열흘째 소식 없다는 정자도 왔다
살다가 이런 일은 없어야 하는데
위로의 말이 바람에 겉돌고 있다
몸 따라 마음도 헐렁해지는지
어느새 수다가 아픔을 누른다
산그늘이 물 위에 내릴 때까지

내려오는 길에 아직도 희망근로자들이
희망을 다듬고 있다

돝섬

조문하러 오세요
꽃은 가져오지 마세요

상여는 이미 국화로 덮였답니다
가라앉기 전

부의금 안 받습니다
뱃삯까지 공짜랍니다

(2004년 시월 국화축제)

마산항

콘크리트에
목이 낀 바다
끄르륵 끄르륵

길 없음
되돌아가시오

국수하는 날

떠돌이 공장이
타작마당에 뚝딱 차려지면
온 동네는 번호표를 받습니다
밀반죽 기다란 가락이
대나무 장대에 걸쳐지면
아이들보다 바둑이가 더 신이 납니다
바람이 말린 국수가 설겅 위로 오르면
질린 보리밥에
손 오고 비 오기만 목이 늘어졌습니다
진종일 땀 흘린 해 후루루후루루 서산으로
넘어가고
온 마을은 잔칫집입니다

쉿
초상에는 절대 국수는 안 먹습니다
줄줄이 초상난답니다

유원연탄

검은 먼지 풀풀 마시는
연탄공장 앞에서
하얀 트럭이 연탄을 싣고 있다

철거덕철거덕
마구 문질러진 얼굴들이

제법 웃음같이 웃고 있다
왁자하게 희망을 찍고 있다

연탄이 열아홉 개에서 스물두 개로
구멍을 늘이는 사이
연탄값도 모른 채 허둥지둥
살아온 치들

저들의 웃음 뒤쪽
수북이 쌓인 담배꽁초

배추벌레

바람재 넘어
살 좋은 땅을 친구에게 빌렸다

깜깜한 새벽
산길 깨우며

세 도반과 한 스님이 농사짓는다
어슴푸레 모습 드러내는 밭에
잡초를 몰아내고
김장, 알타리무, 상추에 파 씨도 묻었다

조심조심 안개가 산을 들어 올리면
참새들도 외출 준비하는지
콧속으로 스며드는 거름 냄새 풀 비린내

빼근한 몸을 밀고 들어서는
둥둥 팔월

소록도

차로도 멀고 먼 황톳길을
그녀는 무엇을 안고 갔을까
삼십 년 전에도 사월 보리는 시리고
푸르렀을까

그분 도움으로 일본 신사 터에
원불교 교당이 세워졌다
일그러진 손으로 가꾼 등꽃
때로는 등 그늘에서 결혼식도 올린다고 했다
생의 마지막을 꽃피우라는 배려였던가

정녀 약사 김해림 씨 손 흔들고 섰다

주암댐

마을이 잠긴다고
이고 지고 떠난 동구
봄볕은 나 몰라라 쏟아지고
환장한 찔레꽃이 맨발로 뛰어나온다.

조팝나무 꽃피면 못자리하고
뻐꾸기 울면 모내기하고
진달래가 쓰면 풍년 들고
진달래가 달면 흉년 들고
도토리 들을 보고 열매 맺는다

고향을 지키겠노라 올라앉은 야무진 오기
그래도 한사코 슬퍼지는 순천댁

져다 버려도 아들이나 하나 있었으면

장마

수도관 터져버린 하늘
바람만 쩔쩔 매고 있습니다
돋보기 낀 남편은 바느질 삼매에 빠져 있고
바늘 뒷구멍도 모르는 나는
씨잘 때기 없이 묵은 필름만 돌리고 있습니다
오늘 따라 입 다문 전화기
자반고등어가 무료한 하루를 감고 넘어갑니다

세월은 빨라도 하루는 깁니다

다이어트

작심삼일이 산을 오른다

얼마 전
건대 병원에서 검진 결과가 내려왔다
육 개월 안에 몸무게 5킬로를 빼란다

절 문턱 닳아도 못 떼어낸
집착이란 놈이 픽 웃는다
이십 년 넘게 별별 이유로 붙어 있는

한솥밥도 가닥이 있는지
남편은 세끼
나는 두 끼

혼자 묵지 말고 남편 좀 잘 먹이소
저울 마루에
올라서지도 내려서지도 못하고
눈치만 본다

파지

홍문동 10-2번지
한길을 물고 오는 고물상
낡은 수레 한 대

질금질금 장맛비
서둘러도 길은 하나
무면허 노인

가을비

하현달 멀끄러미 내려보는 고갯마루

간 밤 정비사업 끝났다고
폭죽 터트리고 국악 한마당
야단법석이었다

아직 떠나지 못한 무덤들
50. 51. 53호 ----
독촉장 받아 쥐고 시름에 잠겨 있다

배고픔에 팔려간 딸이
밤 몰래 그네를 뛰고 있는

마산 만날재

만날재 넘어

토요일 아침
바람재 진달래 만나러 가는
비가 말을 잊었다

꽃구경 가는 길

1950년 7월
공씨들 재실 모퉁이
전선으로 가는 연인에게 수놓은 머리띠
울던 세라복 여학생들
지금쯤 어디에서 하얀 수건 쓰고
또 다른 이별을 나누고 있는지

무운장구 빌어주는 꽃잎 꽃잎 꽃잎

마창대교

별 볼거리 없던 도시
세계에서 몇 번째 높은 다리가 세워졌다

보름 동안 무료통행 선심에
효도 트럭까지
칠월 땡볕에 땀 뻘뻘 나르던 해가
노을을 데리고
첨벙 몸을 던진다

돌섬 코가 납작해진다.

서미대자

그녀가 바라본 창살은 무슨 빛깔이었을까

찾아올 피붙이 하나 없이
정신병원을 흘려보내고
청아병원 영안실에 마산여고 39회
동창들이 모였다
개똥밭에 굴러도 댕긴다는 이승
떠나는 길 눈 감겨줄 손길 있고
제집 뜰에 뼛가루 반겨줄
징한 벗 있으니
제대로 구르고 간 것일까

오늘밤 은행잎이
초겨울 바람에 흩날린다
정신 똑바로 차리게 처녀 할매
좋은 곳으로 가시게

마산여고

멀리 날아가지도 못한
모교 코앞에서 뺄뺄
사십 년 넘게 살아왔다

새벽 등산길
금목서 향기 흠신 밴 담벼락에
학원들 현수막
각 과목 강사 얼굴들
대충대충 가르치고 우리한테 넘기라고
실실 웃고 있다

콧대 있다는 우리 선생님들
실력에 밀렸나
세월에 손들었나

김주열

마지막 수업시간
흰나비 쪽지 교실 안을 숨어 돌았다

도립병원 뒷문
친구 청자는 못 왔다
교복 칼라에 빨간 물세례 받고
허름한 영안실
한쪽 눈에 최루탄 박힌 그를
초면에 상문까지 했다.

시집가고 빨래하고 애 낳고 우리가 바쁠 때
그의 이름이 국회에 오르내리고
국회의원이 되고 열사가 되고

우리도 데모했는데

어시장

싸리문 나서고는 외삼촌을
본 사람이 없었다

육이오 전쟁이 네 칸 집 태우고
시부모와 두 딸 잿더미 위에 앉았다.
외숙모 삶은
망아지만 한 누룽이가 지켰다
시아버지 혀 밑 고름까지 빨아낸 효부

휴전이 되고 포로교환이 몇 차례
끝내
큰딸 건어물가게 이층
동그란 눈만 이리저리 굴리며
남편을 찾고 있는 북어

고모

시운 빠진 벽거울
마마 따라 가버린 혼을 찾고 있던 고모

어느 해 여름
큰비로 불어난 웅덩이에
고모의 무명치마가 공처럼 부풀어 있었다
찔끔찔끔 할머니
강 건너간 청년을 사진으로 불러
손목 잡혀 잘 보냈는데

십이 층 유리창
목 쉰 매미
작년 이맘때도 붙어 있었다

2

내포

해 질 녘
낯설지 않은 곳에
낯설게
63번 버스는 떠났다

방죽에 앉아
파도 소리 듣는다
식어버린 손전화 9번은
어디쯤 갔을까
바다 끝자락에서
사내가 장작불로 노을을 굽는다
낚싯배도 가방을 풀어 놓고
횟집들이 하나둘 일어선다

늦가을 붉은 해
금빛 만장 일렁일렁
바다 속으로 들어간다

사방이 낡은 신문지 속에 잠긴다

서산바다

간월암 갯벌을
보셨는지요

천수만 되새
어망 쫙— 펴는 걸 보셨는지요

노을은 온통 대춧빛
걷는 마애불

서해

고깃배 갯벌 처박고
어부들 술독 처박고

불그락 푸르락

채석강
지는 해

구례 가는 길

모내기 봄비
쏟아진 섬진강

은어 쏘가리 메기 참게
방생 미꾸라지 붕어 가물치 숭어

싱거운 구름
미처 수염도 못 밀고

이 산 기웃
저 산 기웃

단오

봄이 칼등 타고
떠난 자리

정수리 내린 서리는
계절을 잊었다

단원 풍속도로
멱 감으러 간 내 여자

감천 외가

싸리재 밀고 오는 황소바람
대숲은 온통 전쟁터다
탁 타다닥 목검 부딪치는 소리
사촌들과 다투어 탄피를 주웠다

쌈지 속에 웃고 있는
외할아버지 돌 안경
매미 눈꺼풀 내리는 여름
할머니 틀바느질 소리

달그락
사그락

보성

참새의 침실은
삼이우지 놀이터
오늘도 못 받아볼 사진을 찍힌다

짓무른 동백길
차밭 가르마

검정고무신의 노래

낮잠 속으로 뛰어드는 가위 소리

주판알 떼르르 굴렀다
이번에는 겁쟁이 작은삼촌 차례
고무신 양손에 들고 총알처럼 달려
막 동구 밖 돌아가는 엿장수 불러 세웠다
목젖 타고 내리는 이 짜릿한 맛
까짓 밤에 할머니 몽당빗자루쯤이야

그때는 햇볕도 아마 검정고무신을 신고 다녔지

가을

삼랑진 만어사
등 굽은 길

조롱조롱 감나무
훔치는 악동 없어

비린 목탁 소리
혼자 듣는다

십일월

아파트 담장
왕벚나무
밤새 늦가을 비와 이별한다

또닥또닥
이삿짐 싸는 소리

뒤채는 토막잠

시

젊은 밤엔 마음이 극성이고
늙은 밤엔 몸이 극성이라

토막잠 데려다 놓고
씨줄 날줄 짜볼까

새벽 세 시
두척산 바람 소리

반딧불

옛집 앞 새끼 도랑에는
사철 모래 물고 퐁퐁 솟아나는
참샘이 있었다

초하루 보름
잠든 밤
새물 옷 수박등 앞세운 어머니 따라
삼신할매 만나러 갔다

별똥별이 몇 개나 떨어지고
안산 부엉이 음흉한 울음소리 오줌 지려도
어머니 비손은 다짐까지 받는지

눈 감으면 가끔씩
속닥속닥 떠오르는 그
은밀한 거래

나들이

어둡살 내리는 선암사
숨차게 뛰어와도 매화 자취 없고
불빛 전각마다 염불 소리

어드메 극락 있어
이리도 구성지나

여기가 딱
극락 한 자락이구만

우물가 왕벚꽃
할아버지 상여 꽃이
아마 저랬다

고추잠자리

장산숲 맑은 연못
더위에 쫓겨 숨은 느티나무

가랑잎 떨어져도
볼우물 자지러진다

자는 척 조는 척
아직도 꿈꾸는가

고추잠자리
한 마리

가을의 시

시월 마루
뒹굴다 지친 시 데리고
학교 마당에 갔다
바람도 딱 간이 맞는데
돌고 돌아도 가물가물

등에 스르르 도는 땀

저녁밥 짓듯이 하자고
내려가잔다

서원골

올해도 관해정 앞뜰에
노망든 은행나무
얼마나 많은 똥을 싸 놓았을까

그 벤치 바뀌는 얼굴들

완월 폭포

봄 비탈 엘레지 꽃

숨 넘어 가면 안개약수 나오고
꼭대기 오르기는 쉽고 빠르다고
길 안내하고 있다

밤 무당 상쇠 소리 들리는

오월

오를 땐 지옥
내려올 땐 극락 같다고
뭘 그리도 수선 피우나

숨고르기는
아까시 숲이 최고지
아찔하고 어찔하거든

지난 세월
무슨 놀음한다고
꽃잎 쏟아지는 줄 몰랐을꼬

지구가 점점 열 받으니
가을에 또 필란가

월영초등학교

하현달 가끔 걸리는 학교 마당
밤새 바람이 쓸어놓았다
탁탁 골대 앞
게이트볼 치는 노부부
슬그머니 학교 문 넘어선 아침 해
얼굴 노랗게 물들일 때

생태시범학교 라일락 향기
쫙 퍼진다

첫눈

죽음이 내게 찾아왔을 때
봄 가을이 시큰둥할
겨울 문턱

대문 밖 어디쯤 누가 기다린다고
이러고 있을 때 아니라고

여기 저기 뒤적거릴 첫눈일까

멍게 속같이
텅 빈 죽음

남포댁

능소화 짓무른 담벼락

석양마루에 옥수수
삭은 양철 등 터지는 소리 탁탁
십일 남매 뒹굴던 마당에는
바래기 쇄빗대 돈냉이 머구
한 올 머리는 야시골
큰아들 무덤가 억새꽃
빗장 놓아버린 대문으로

헌 바지 불알 나들듯
바람만 들락날락

3

하늘 열차

야크기름 번들번들
조캉사원이 술렁인다

살아 꼭 한 번 그들이
목숨을 몰고라도 참배하고픈 곳

화덕에 구운 밀빵
차잎 띄운 양젖

파리한 입술 큰 눈
온몸을
던진다

톤레삽 호수

가난도 상품인 마을
학교도 병원도 집도 고양이도 개도 닭도
오리털도 선생도 아이도 순경도 모두
두둥실 떠다닌다

깜깜한 굴 배 안에서
냄비를 닦고 있는 소녀

빤짝빤짝 해가 미끄러진다

해돋이

산 밑에 도착하자
움막이 희미하게 짜이차 김을 올린다
밤새 찔찔 울던 하늘
보름달을 내보낸다

가난을 버짐처럼 이고 진 사람들
커다란 눈망울이
낯선 이를 웃고 서 있다

그들 등 뒤로 달은 넘어가고
황금 설산은 차오른다

하늘 아래

인도 여행에서
작은 다짐을 했다
내가 먹는 하루의 먹을거리가
어쩜 저들 불가촉천민들의 한 달 목숨 줄이라니
좀 더 단순하고 소박하게 먹고 살아야지
언젠가 스치던 말
내가 기쁨에 넘쳐 웃고 있을 때
어디선가 한 생명이 울어주고 있다고
돌아오니 동창들이 회갑들을 한다고
씀씀이대로 밥을 내고 차를 사고
다짐이 부끄럽게 혀끝으로 말려들어 갔다

버스 꽁무니 쫓아오던 어린 눈동자들

돈황

하얀 모래밭
낡은 상엿집 한 채

초등학교 짝지 같은 묘족 소녀
몇 봄 몇 해가 흘러도

막고굴 앞에서
염주 흔들고 있다

순산

소도 사람도
아무데나 똥을 싼다

아직 어린 검정 소
만삭의 몸

지린내 풀풀 나는 골목으로
절뚝절뚝 들어간다

안나푸르나봉이 올려다보이는
포칼라 시

무덤 궁전

사랑이면 다 사랑이지
뭐 유별나게
저리도 눈이 부신
궁전을 지어

발길 돈길 당기나
시뻘건 돌담에 갇힌 사랑
파랑새만 이리저리
물고 난다

석양에 낯붉히며
타지마할 타지마할 타지마할

구체구에서

아이는 양 몰고 산으로 가고

마을은 눈 깜짝
땅 밑에 숨었다

눈물이 호수 되어
그곳 물고기는 아무도
먹지 않는단다

삼천 길 낭떠러지
찟릿찟릿 내려다보니

산봉우리 동동
가을의 무덤

(중국 구체구 가는 길에 묘현마을 전설)

수학여행 · 1

새벽 육호광장
이자 춘자 영자 순자 준자 우르르 자야
국산 수입 바르고
빨간 작크는 단체주문

도시를 벗어나자
손전화 여기저기 요리강좌를 열자
담임 대신 젊은 기사

사흘 두 밤 여정
강화도 마니산
수덕사 국보 대웅전
절로절로 돈다고
횃대 오르는 영대
미리내 성지
해미읍성
언자 됐소

차 속은 늦가을
밖은 배꽃이 만발

수학여행 · 2

서른셋이 동창계금 다 털어
대한해협을 건넜다

삼월에도 눈이 내려
창밖이 볼 만한데
갑자기 김춘자가 즉흥시를 읽는다

세 살 때 징용간 아버지 유골을
아직 돌려주지 않는 원수의 나라에
여행을 왔노라

하까다가 잘 어울린다고
밤 사진을 찍는 그녀

설산

마중 나온 깡마른 산

눈 내린 물이 내를 이루고 왕버들
사이로 양이 풀을 뜯고 있다
마을이 띄엄띄엄 지나간다
산에 연기 오르고
오색 깃발이 경전을 읽는지 상복 입은
독수리들이 조문을 가고 있다
장애인은 물에 흉악범은 땅 밑에
스님들과 보통사람들은 천상에
말이 끝나자
저만치 노을을 이고 포탈라궁이 서 있다
차와 가로등이 여기까지 걸어왔다

다음 날 조캉사원 앞에서
어릴 적 우리 집에 자주 밥 달라 오던
치렁치렁 낡은 입성 헝크러진 댕기머리
그 여자를 닮은 사람들
무슨 죄를 안고 와서 이마가 까지도록
몸을 던져 절을 하는가

아득히 잊었던 입덧 같은 고산증
일주일의 여행이 하늘 열차로 오른다
지구 위를 달려 하루 반 만에
유채꽃 흐드러진 서안
오래된 마을에 내려선다

4

용선대 노을

집도 절도 없이
아찔한 바위 끝에
젊은 백수 앉아 있다

이력서 다 불태운 채

쌍계사 · 1

선방 오르는
돌계단

나이 훌쩍 건너선
백일홍
스님들 숨소리 모아모아

온몸 비튼다
꽃사리 흩는다

쌍계사 · 2

열엿세 동짓달
서천에 걸어 놓고
깊고 푸른 꿈에 잠겨 있다
바람도 대숲에 자고
계곡물 얼음 속에 숨죽이고

쪼르르 달그락
부처님 실눈 뜨실라
행자승 다기 물소리
풍경도 입 다문다

섬돌 위 파르르 고무신
달빛이 시리다

문수사

해우소 명성만 들었지
다리품은 못 들었는데

숨찬 등줄기를
짓궂은 오월 햇살이 슬쩍슬쩍 건드린다
이 장터도 꽤나 붐비겠구나
내려오는 치들
흥정이 잘되었는지 환하다

벼랑 비집고 재주 좋게 앉은 전각들
오랜 절 나들이 처음 받아 보는 거사의 밥 시중

깊이를 모르는 해우소 전대 하나가
툭

봉정암

양볼 미어터진 다람쥐
두 눈 딱 마주쳤다

아무려면

저는 겨울 준비
나는 마음 준비

얼추 대여섯 시간
기고 매고 서니

조삼조삼 올라앉은
돌덩이 몇 개

온 산이 콧김으로
가라앉는다

운흥사

한 더벅머리 총각이 날고기 세 근씩 먹고
밤에만 몰래 그렸다는 괘불 신통력
백중기도가 오르기로 했다

일곱 해 삼복
스님 목탁 소리 따라
물에 빠진 당나귀처럼 절을 했다
망 고조부 밀양후인 박승주영가
아래로 사연 많은 영가들까지 다 올리고
수미단 위 찰떡이 주저앉도록 지장보살을 불러댔다

밤이면
두런두런 승병들 자갈 밟는 소리 들리던 절 천장

십 년도 지난 어느 해 질 녘
다시 찾았으니
막 넘어가는 해가 전각마다 불을
꺼버립니다

국사암

쌍계사 돌단 건너 젖은 땀 올라서면
시누대 사각사각 길을 묻는
낡은 암자
초록에 첫발 들인 곳
무량한 산빛
부처님은 늘 실웃음

애타는 마음
문수전 마루에 삼천 가닥
무지개 깔아 놓고
밤마다 아린 손가락 잡고
선잠을 깬다

범패 소리 새벽달
찬다

전등사

처마 밑에 쭈그리고 앉은 그녀
가끔씩 눈을 밟는다

발가벗긴 부끄러움
잊은 지 오래

번쩍 두 팔
오기만 깡말라서

들락날락 주지승
천연스런 얼굴

사랑 팔아 돈 들고 튄 년
천지간에 저 하나뿐이던가

국사암 사천왕수

술 한 통 가지고 오면
소원 들어주지

딱따구리 집짓고 장가가고 손자 보고 거울 보고
별짓별짓 다 해도
오입 한 번 못해 보고 늙어간다

백 년을 몇 번이나
치성 올리면
금슬 좋아지고 아들 낳는다지

사천왕수 빙빙 돈 어바리
이불 속에 딱따구리 알만
소복

천관산 천관사

제법 오래된 탑이 길 안내한다

인기척 하나 없는 마당
잘 다듬어진 텃밭이
햇볕을 잔뜩 이고 빈 절 아니라고
들어오란다

우리 망실할매 고방만 한 법당
부처님은 소잡아도 태평

산 위에서 천관들이 내려보고 있다

낙산사

식목일을 없애나마나
남편과 옥신각신

나무만 심지
묏자리 손보면 탈이 있니 없니

핑계가 산 잡아먹지
온 산이 부채를 들었다

집도마을도텔레비도돼지우리도
소도닭도염소도 몽땅 타고

부처도 법당도 다 탔는데

적천사

은행나무가 소식 전해온 지
삼 년
늦가을 바람을 가르며
만나러 갔다

대낮에 등불 든 감나무들
산문 밖엔 아직 푸른 은행잎
별빛 달빛 축제한다고 법석이다

등 너머 부도밭 선승
내 이꼴저꼴 안 볼라고

갓바위

작대기 하나 믿고 어미가 산 오른다
아들을 둘러메고

사시장철 두둥실 달 떠 있는
팔공산 오른다

밀고 밟고 오른다
꾸역꾸역 오른다
보살보살 오른다

운주사

천불천탑 어디로 가고
막배도 떠난 저문 포구

비로자나불과 석가모니불이
등 붙이고
돌 감옥에 갇혀 있다

죄목
중생을 다 구제 못한 죄

(보물 제797호 불감)

오두막 편지

법정 대종사님 불 들어갑니다

수천 수만 리 길을 걷고 걸어
갠지스 강가에 죽음을 적시러 찾아오는 사람들
구걸한 돈만큼 장작을 사서 화장하고
그마저 없으면 강물에 몸을 씻으면
하늘로 간다고 믿는 사람들
나무값이 우리 돈으로 얼마나 되는지

스님 떠나시고 온 산천에 책꽃이 피었습니다
스님 편히 쉬십시오

오세암

새벽밥 먹고
계곡을 내려온다
수림동 덜 깬 물에 하늘이 내려와 세수하고 있다

굴참나무 바위 떠안고
십칠 년 동안 죽지도 못했는지
세 살 손자 떠안은 시할머니 삼십 년
자식이 죽으면 가슴에 묻고
남편이 죽으면 먼 산에 묻는다는 말씀
겨울에도 쪽문 열고 담뱃대 물고 계셨다

사람이나 나무나
서리 내린 내설악 바람이 차다

5

수종사

물소리 종소리 이끼 푸른 돌단 길
큰스님 잔소리에 고양이 하품한다
늦가을 두물머리가 찻잔에 뛰어들고

운길산 은행나무 동안거 들어갔나
사르르 수루루 옷 내리는 소리들
긴 겨울 눈이 오시면 솜이불 덮겠네

영평사

영평사 구절초 참으로 좋다기에
말 물어 찾았더니 약속 없이 왔다고
꽃들은 훌훌 나한되어 바람 속에 숨었네

산중이 시중인가 시중이 산중인가
보살들 목청 높다 염불인지 호객인지
부처님 공양 올리려면 무엇인들 못하리

흥덕왕릉

까마귀 까욱까욱 가을을 끌고 간다
스산한 바람 소리 큰 눈에 서역무사
안강골 못다 한 사랑이 한 무덤 이루었나

우수의 눈길에 조용히 타는 불꽃

―강미자의 시세계

호병탁(문학평론가)

1

대중문화가 범람하는 시대다. 고급문화를 향유하던 소수의 엘리트 대신 근대 이후 산업화와 함께 등장한 다수의 시민계급이 문화의 주역을 대신하며 나타난 현상이다. 시민계급에 위치하는 다수의 대중은 이제 시를 읽는 대신 모든 정보와 재미를 동시간으로 제공해 주는 컴퓨터 앞에 앉아 있다. 단순한 웃음과 눈물을 요구하는 드라마를 보며 티브이 수상기 앞에 앉아 있다. 엄청난 속도와 복잡다기한 물질문명의 세계에서 현대의 대중은 쉽게 소외와 피곤을 느낀다. 게다가 아직도 이 땅에 엄존하고 있는 이념의 대립과 세계적인 민족 · 종교 간의 분쟁은 불안을 넘어 공포감마저 야기한다. 대중이 시를 읽는 대신 야구장을 찾는 것은 당연하다. 개인주의와 배금주의에 빠져든 그들은 쉽게 현 생활을 즐기려 하는 것이다. 시 같은 순수 고급문화는 설 자리가 좁아진다.

통신매체의 괄목할 만한 성장은 정보의 대량유통을 가능하게 하였고 자연스럽게 활자매체는 전자영상매체로 변화되고 있다. 그 결과 활자문화의 총아였던 문학은 설 곳이 자꾸 위축되고 있다. 이런 다매체들은 그나마 위축된 문학을 통속적인 레저 수단의 대상으로 전락시키고 있다. 삶의 존재이유를 설명하고 현실의 증인이 되어 미래의 지평을 여는 순수문학 대신 한 번 쓰고 버리는 일회용 컵과 같은 멜로물이나 폭력물이 횡횡할 수밖에 없다. 대표적인 예가 티브이 드라마다. 순수문학은 설 자리가 좁아진다.

이렇게 순수문학이 위축되고 그나마 스트레스 해소의 수단으로 변질되어 그 존엄성이 훼손되고 있는 마당에 시에 대한 극진한 애정을 갖고 있는 한 사람의 원고를 받았다. 시는 읽어보면 그 기량과 성취도를 가늠하겠지만 그런 것은 차치하고 우선 문학에 대한 사랑과 열정을 가진 한 사람의 시인을 우리가 만난다는 일은 반갑고 고마운 일이 아닐 수 없다.

나는 강미자라는 시인을 만나본 일이 없다. 시인이 어떻게 살아왔는지 지금은 무엇을 하는 사람인지 아무것도 모른다. 그런데 어떻게 그녀가 문학에 지극한 애정을 가지고 있는지 알 수 있게 되었는가. 출판사에서 건넨 짧은 메모 덕분인데 거기에는 시인이 마산 출신이며 아직 그곳에 산다는 것, 『문예연구』로 등단했다는 것, 그리고 결정적인 단서가 되는 '2002년부터 경남대 시창작반에서 수학'했다는 것이 적혀 있었다. 10년을 공부하면 석 · 박사 학위를 따고도 남는 긴 세월이다. 10년 이상 한곳에서 시를 공부한다는 것은 보통 열정으로는 할 수 있는 일이 아니다.

내가 받은 원고에는 시편들만 있지 책을 여는 「시인의 말」과 같은 글은 없다. 대개는 이런 '머리말'을 통해 시인이 문학을 어떻게 대하고 있는지, 문학은 시인에게 어떤 의미를 갖는 것인지 알 수 있지만 나에겐 그런 자료가 없다. 부랴부랴 등단 당시의 『문예연구』를 찾아보았다. 짧은 메모 이상의 정보는 없었다. 그러나 짧은 당선소감 중의 한 구절이 확! 눈에 들어왔다. '시를 제 삶의 마지막 길동무로 삼겠습니다.' 이 이상 무슨 말이 더 필요하랴. 단 한마디의 이 말은 문학에 대한 그녀의 태도를 충분히 짐작하게 만든다. 생의 '마지막 길동무'로 삼겠다는 것은 죽을 때까지 함께하겠다는 말로 산다는 것의 마지막 이유이자 희망이 된다. 가히 구도적 자세다.

통속 대중문화가 범람하는 시대에 이처럼 순수문학에 큰 애정을 쏟아붓는 분들이 많을수록 좋은 일이다. 실상 이런 분들이 가장 큰 문학의 독자층을 형성한다. 이런 분들이 -가르치겠다고 모두가 나서지만 않는다면- 많을수록 문학은 스스로의 정신적 안식과 치유의 역할을 계속할 것이고 풍요로운 문학마당의 장래도 기약하게 할 것이다. 문학을 읽고, 쓰고, 즐기는 사람은 많아야 한다. 그리고 그 결과물을 책으로 묶는 사람도 많아야 한다. 문학을 향유하는 일은 누구에게나 주어진 자유이자 권리이기도 하다. 따라서 한 명의 문학도로서 나는 강미자의 『질경이』 상재를 축하할 충분한 이유가 있다.

2

시집 『질경이』는 그 제목이 말하고 있는 것처럼 고향의 들길에서 흔히 발에 밟히는 하찮은 풀이름이다. 우리는 이 제목을 보며 시인이 조국의 산하에서 자라는 꽃과 나무, 사계절 변화하는 아름다운 강산의 풍광 등 전통적 · 낭만적 서정을 노래할 것으로 예단한다. 물론 시인은 자주 배경으로 이런 자연의 모습을 묘사한다. 그러나 이런 서정적 풍광은 어디까지나 자신이 말하고자 하는 이야기의 배경으로 그친다. 결코 전경으로 나서는 법은 없다. 상당히 특이한 경우다. 우선 표제작이자 시집의 머리에 위치하고 있는 「질경이」를 보자.

질경이를 뽑는데
돌아가신 할머니 소곤소곤 곁에 앉으신다
아가야 빼뿌쟁이 기름으로 불 켜면
죽은 사람이 보인다더라

옛날에 한 부잣집 마님이 자식 없이 떠난
남편이 하도 보고 싶어 제삿날 불을 켜 봤더란다
히죽히죽 대문을 들어선 망자가
제사상을 휘 둘러보고
환한 달빛을 밟으며 들을 걸어가더란다
따라가 보니
소작인 오두막 어린 모자가
물 한 그릇 밥 한 그릇 정갈히 차린 제사상에
흠빽 웃으며 남편이 절을 받더란다

할머니 그래서 우쨌는데

밟고 밟히며 길섶에 사는 풀에게도

이승저승을 보여주는 신통력이 있다

—「질경이」 전문

자연물은 시에서 자주 재현되고 이때 시인은 자칫 미적 감흥에 경도되어 정도를 넘어서는 언어적 수사를 부리는 경우를 많이 보게 된다. 전통적 서정이 진부하게 느껴지는 큰 이유 중의 하나다.

그런데 인용 시는 '질경이'라는 자연물을 다루지만 '질경이를 뽑는데'라는 행으로 시작하며 시의 물꼬를 트고 그것으로 끝이다. 당연히 어느 곳에 자란, 어떤 모습의 '질경이'를 뽑는 건지 설명이 있을 법하지만 그런 건 없다. 비 오는 날인지 바람 부는 날인지, 봄인지, 여름인지 질경이 주변에 대한 설명이 있을 법하지만 그런 것도 없다. '질경이'에 대한 단 하나의 형용도 수식의 말도 없이 시는 바로 행을 바꿔 할머니를 등장시켜 버린다.

이것이 바로 앞서 말한 강미자의 시편들에 나타나는 특이한 양상이다. 전통적 서정은 배경으로 등장하는 것이 전부다.

할머니는 돌아가신 분이다. 질경이를 뽑고 있는 화자에게 '소곤소곤' 이야기를 들려주기 시작한다. 빼뿌쟁이는 문맥으로 보아 질경이의 방언임에 틀림없다. 그 기름으로 불을 켜면 '죽은 사람'이 보인다고 '죽은 할머니'가 찾아와 화자에게 알려준다. 흥미가 발생한다.

그러나 화자는 연을 바꾸며 할머니가 들려준 그대로의 옛날 이야기 하나를 삽입한다. 갑작스레 등장하는 하나의 사건적 서사는 새로운 시간과 다른 가치를 창출한다.

옛날에 한 마님이 죽은 남편이 보고 싶어 제삿날 예의 빼뿌쟁이 불을 켰던 모양이다. 망자가 제사상을 휘 둘러보고 그대로 나가 들을 건너갔다. 따라가 보니 소작인 모자가 사는 오두막으로 들어가 물 한 그릇 밥 한 그릇 차린 제사상 앞에서 웃으며 절을 받더라는 얘기다.

서사로 보면 도입부에 해당한다. 화자도 독자도 다음 얘기가 궁금해진다. '할머니, 그래서 우쨌는데' 묻지 않을 수 없다. 그러나 얘기는 이것으로 끝이다. 질경이 같은 풀도 이승과 저승을 보여주는 '신통력이 있다.'는 선언적 진술로 시는 끝이 나고 만다. 싱겁다. 맥 빠지는 기분이다.

3

시를 다시 정독해본다. 다른 시들도 다시 훑어본다. 그리고 시작하다 끝나는 것처럼 보이는 이 싱거운 얘기에 여러 의미가 온축되어 있음을 발견한다.

제삿날 마님이 보고 싶어하는 남편은 누구인가. '자식 없이 떠난/ 남편'에 시선이 머문다. 죽은 남편은 마님의 제사상도 받지 않고 '자식이 있는' 오두막집으로 갔다. 시인의 페미니즘 사고가 드러나고 있다. 페미니즘은 여성의 차이와 주변화에 관계한다. 비평가는 우리의 가부장적 문화, 즉 남성의 이익을 대변하는 문화가 어떻게 작품에 반영되고 있는지 조심스럽게 살펴보게 된다.

'원문과 성별, 장르와 성, 성 심리적 정체와 문화적 권위 사이의 관계를 가려온 모든 위장된 질문과 답변을 해독하고 밝히는 것'이 페미니즘 비평가가 할 일이라는 말도 있지만 이런 현학적인 발언은 -나 같은 사람에게는- 머리만 아프게 한다. 더구나 페미니즘을 여성해방주의와 긴밀한 연관을 갖는 급진적인 정치 도구로 간주하려는 태도에는 손사래를 치고 싶다.(순수한 미학의 관점에서 문학을 연구하는 것과, 문학의 사회적 기능을 강조하는 이런 대척적인 태도는 늘 논란의 대상이다.) 내 경우는 우린 문화에서 야기된 남녀의 세력 불균형이 어떻게 문학작품에 반영되고, 어떻게 지지되고, 어떻게 도전 받고 있는지 설명하는 정도가 온당할 듯싶다. 바로 위에서 마님의 제사상은 자식이 없다는 이유로 외면받는다. 가부장적 제도에서 비롯된 불평등이다. 바로 여성이 문화적 편견에 의해서 어떻게 속박당하는가를 밝히고 있는 글로 페미니즘 사고의 발로라고 말할 수 있는 것이다. 다른 시에서도 이런 사고는 산견된다.

이모는 삼 년 만에 시댁에서 밀려났다
뱃속에 씨앗이 자라지 않던 이모
삯바느질로 살면서 귀는 늘 남편 쪽으로
—「해바라기 베개」 부분

위 인용문은 더 구체적이다. 직설적으로 얘기하면 이모는 자식을 못 낳아 삼 년 만에 시댁에서 쫓겨난 것이다. 쫓겨나 삯바느질로 연명하며 '해바라기'처럼 늘 남편을 바라보며 산다. 바로 이런 소외되고 신산한 삶을 사는 여인의 모습이 우리의 전통적 유교문화에서 야기된 것이 아닌가. 작가의 조용한 분노가 감지

된다.

이모는 피붙이다. 객관적 타인이 아니다. 바로 시인의 곁에서도 이런 가부장적 제도에 희생되고 있는 여인들이 있었던 것이다. 이런 일은 또 있다. 육이오 전쟁 때 집은 다 타버리고 '잿더미 위에' '시부모와 두 딸'만 남기고 외삼촌은 떠나갔다. 외숙모 삶은 남편 없이 시부모와 두 딸을 보살펴야 했던 고초의 세월이 되었다. 결국 늙은 시아버지 '혀 밑 고름까지 빨아낸 효부'로 살아야 했다. 그럼 누가 외숙모를 돌보았단 말인가. '외숙모의 삶은/ 망아지만 한 누룽이가 지켰다' 이 말은 아무도 그녀를 돌보지 않았다는 소리와 진배없다. 지금은 '큰딸 건어물가게 이층/ 동그란 눈만 이리저리 굴리며/ 남편을 찾고 있는 북어'(「어시장」)가 되었다. '건어물'과 '동그란 눈'과 '북어'라는 어휘들이 외숙모의 얼굴과 오버랩되며 우리의 마음을 아프게 한다.

더구나 '어느 해 여름/ 큰비로 불어난 웅덩이에/ 고모의 무명치마가 공처럼 부풀어 있었다'(「고모」) 화자의 고모는 무슨 슬픈 사연이 있어 죽음을 선택해야 했던가. 마산의 만날재는 '배고픔에 팔려간 딸이 밤 몰래 그네를 뛰고 있는'(「가을비」) 곳이다. 이 불쌍한 모습의 아이는 '아들'이 아니고 '딸'이다. 여성인 것이다. 시인의 페미니즘 사고는 의외로 강력하다.

다시 「질경이」로 돌아가자. 자식이 없다는 이유로 자신의 제사상도 거부당하는 마님의 참담함을 우리는 이해한다. 그건 그렇다 치고 어린 아이를 키우며 '물 한 그릇 밥 한 그릇' 밖에 차릴 수 없는 가난한 오두막 여인의 삶은 또 나을 것이 무엇인가. 부인 몰래 외도하여 씨나 뿌리고 저 세상으로 간 남편이란 작자는 글의 행간에서 강한 여성주의의 도전을 받고 있다. 같은 남자인 나도 '흠뻑 웃으며' 절을 받는 놈의 면상을 밟아버리고 싶다. 불평등한 가부장제에서 비롯되는 여성의 희생을 보는 시인의 눈에 조용한 분노의 불길이 타오른다. 그 불길이 뜨겁다.

4

다음 얘기가 궁금하지만 할머니의 얘기는 이것으로 끝이다. 맥 풀리는 느낌으로 마지막 연을 본다. 갑자기 시적 긴장이 팽팽해짐을 느낀다. 지금까지는 '봤더란다', '가더란다', '받더란다'와 같이 할머니가 들은 얘기를 다시 들려주는 간접적 진술의 종지형이었다. 그러나 마지막 연에서는 갑자기 화자가 직접 나서서 '밟고 밟히며 길섶에 사는 풀에게도/ 이승저승을 보여주는 신통력이 있다'고 선언적 발언을 하며 시를 마감시켜버린다. 옛날이야기를 듣던 독자들은 갑자기 정신이 퍼뜩 든다.

질경이는 풀이지만 한해살이가 아니다. 다년생초다. 질경이란 이름처럼 '질긴' 생명력을 갖고 있다. 시인의 말대로 '밟고 밟히'면서도 여전히 '길섶에 사는 풀'이다. 한방에서는 '차전초車前草'라고 부른다. 다른 풀은 마차가 지나가면 다 바퀴에 눌려 죽는데 이 풀은 오히려 바퀴 자국을 따라 살아난다고 해서 붙여진 이름이다. 인고의 세월을 견뎌냈던 조선 여인의 강인함과 비교된다. 그렇다 보니 할머니 얘기와 질경이는 통하는 데가 있다.

길가에 흔히 자라는 잡초지만 봄철에는 나물로, 가을에는 한약으로 쓰는 유용한 이 풀의 효용은 밟히고 희생되면서도 남은 식구를 건사하던 외숙모의 모습과 중첩된다. 특히 남편이 오줌도 제대로 못 싸고 찔찔거릴 때 질경이 씨는 특효다. 제사상을 준비하는 외로운 마님이나 가난한 오두막 여인의 선한 마음은 오줌도 못 싸고 우물쭈물하는 못난 남편에게 시원한 이뇨제 역할을 하는 질경이와 닮았다는 생각이 드는 것은 나뿐인가.

그러나 마지막 연의 핵심은 질경이가 '이승저승을 보여주는 신통력이 있다'고 시인이 결정적인 언사로 강조하고 있는 점이다. '밟히기만 하는' 질경이는 '밟기만 하는' 인간에게 유용함을 주는 것뿐 아니라 놀라운 능력이 또 있다. 물론 찔찔대는 오줌을 터주는 능력도 있지만 이승저승을 '보는' 또 다른 능력을 가지고 있는 것이다. 이승저승을 보는 눈이 전후좌우를 보지 못하랴. 이미 마님은 이승에서의 망자의 모든 것을 알고 있다. 외도한 것도 알고 있을 것이다. 이 못난 망자는 자기가 저승에서 왔기 때문에 보이지 않을 것이라 믿고 있다. 히죽거리며 대문을 들어서고 휘 둘러보고 나가더니 소작인 오두막에서 절을 받고 앉아 있다. 그러나 빼뿌쟁이 불을 밝힌 마님의 눈에는 그의 일거수일투족이 훤하게 보인다. 남들이 모를 것으로 생각하고 나쁜 짓하는 사람에게는 모골이 송연할 노릇이다. 할머니를 통한 간접화법은 이제 필요 없다. 뒷얘기도 개의할 일이 못 된다. 화자가 손을 걷고 직접 나선다. 시인의 페미니즘은 마침내 마님의 남편처럼 '히죽히죽'대며 왔다 갔다 하는 놈의 낯짝에 멋진 펀치 한 방을 날리는 것이다.

5

「질경이」를 너무 질기게 보고 있는 감이 있다. 그럼에도 이 시는 다른 시각에서 다른 해석이 나올 수 있는 여지가 얼마든지 있다. 「질경이」의 분석은 이 정도로 하자. 그런데 그 연유는 잘 모르겠으나 질경이를 뽑는다는 일도 생의 한순간에 일어나는 '삶의 단편'인 것임은 확실하다. 어차피 문학은 본질적으로 우리 삶의 '언어적 표현'이다. 문학이 우리의 삶을 떠날 때 그것은 존재가치를 잃는다. 자연을 노래하든 사회를 노래하든 시는 삶을 영위하는 뭇 생명에 바치는 헌사가 될 수밖에 없는 것이고 시인은 이 노래를 부르기 위해 각고의 밤을 밝히는 것이다. 어쩌면 시는 어제를 살았고 오늘을 살아가는 인간들의 생의 흔적을 기록하는 인간학이라고도 말할 수 있을 것이다.

말 탄 사월이 어사화 꽂고 스쳐간다

마산에서 배둔까지 오가며 한 시간
침 맞고 뜸질 방에서
할머니들 이야기보따리가 정겹다
용담마을 두 대문 집에는 밤에 씻어 놓은 봄똥 속에
집 찌기미 들어 있는 줄 모르고 삶아 먹고
살림이 망했다는 이야기
화촌댁은 벼 대신 취나물 몇 마지기 심어
올해 이백만 원 넘게 했다는 이야기
대실마을 도갓집에 딸 같은 집난이와 야반도주한 남편이
늙고 병들어 기어들어왔다는 둥
법당은 일그러져도 부처들은 초롱하다
흙을 헤치며 살아온 사람들과
아파트 한 평 더 늘리려고 갖은 잔머리

굴리며 살아온 내가
감자를 나눠 먹으며 천연스레
고장 난 시계 속으로 삭아간다

—「봄」 전문

인용 시의 제목은 만물이 다시 소생하는 「봄」이다. 꽃이 다투어 피고 새잎이 돋는 계절로 독자들은 약동하는 생명의 힘과 그 생명이 만들어내는 아름다운 계절의 서정을 예상한다. 그러나 앞서 말한 것처럼 강미자는 전통적 · 낭만적 서정으로 빠져 감상적인 글을 계속하지 않는다. 봄이라는 계절은 시의 배경으로 모두冒頭에서 잠깐 견인될 뿐 시인은 바로 연을 바꿔 사람 사는 얘기를 시작한다. 시가 진부해지지 않는 이유로 작동한다. 그럼에도 짧은 첫 행은 봄의 이미지가 충만하다.

'말 탄 사월이 어사화 꽂고 스쳐간다' 꽃의 계절인 4월은 긴 '암행暗行'의 겨울이 가고 햇볕 아래 '출두出頭'한 '어사'가 머리에 '어사화'를 꽂은 것처럼 광영의 계절이다. 그러나 이 봄은 '말 타고' '스치는' 것처럼 짧기만 한 계절이기도 하다. 한 마디 짧은 문장이지만 계절의 아름다움과 덧없음이 멋진 은유로 갈무리되었다.

이 좋은 계절에 할머니들의 이야기보따리가 풀어진다. 집 찌기미 모르고 삶아 먹고 살림이 망했다는 얘기, 취나물 심어 재미 좀 보았다는 얘기, 바람난 남편이 병들어 기어들어왔다는 얘기 등. 소소한 듯하지만 민초들의 애환이 담뿍 담긴 얘기들이다. 할머니들은 '흙을 헤치며 살아온 사람들'이다. 그들과 감자를 나눠먹으며 화자는 자신의 삶을 성찰할 계기를 갖는다. 그들은 늙어 '일그러진 법당' 같은 모습이다. 그러나 그 낡은 법당 안의 부처들은 '초롱초롱' 반짝인다. 그에 비해 도시에 사는 화자는 '아파트 한 평 더 늘리려고 갖은 잔머리/ 굴리며 살아온' 사람이 아니었던가. 그래도 어사화 꽂고 스치는 4월, '흙을 파며' 살아온 할머니들과 '잔머리나 굴리며 살아온' 화자는 사이좋게 감자를 나누며 봄날 한때를 함께하고 있다.

화자는 할머니들의 얘기를 들으며 '고장 난 시계 속으로 삭아 간다'며 시를 마무리한다. 잘 정리된 마무리다. 현대인은 늘 시간에 쫓긴다. 기차도 전철도 버스도 정해진 시각에 들어오고 정해진 시각에 떠난다. 공장도 사무실도 백화점도 시계가 가리키는 시각에 따라 문을 열고 문을 닫는다. 화자의 생활도 마찬가지다. 그러나 흙 파며 사는 사람들은 성능 좋은 시계에 구애받을 필요가 없다. 봄 되면 뿌리고, 가을 되면 거둔다. 해 뜨면 들로 나가 일하고 해 지면 집으로 돌아온다. 흙을 파는 일상에 분초를 다툴 일은 없다. '고장 난 시계'는 그들에게 별 대수가 아닌 것이다.

또 다른 아름다운 「봄날」이 있다.

> 차들이 그늘을 몰고 나간
> 아파트 마당
> 햇빛이 환하게 쓸어 놓았다
>
> 아내 먼 길 보낸 남자
> 병든 어머니 운동시킨답시고
> 서로 몸을 동여매고

왔다 갔다 하고 있다

홀아비 삼 년
치매 삼 년

덜 깬 밤술 냄새 폴폴 날리며
만국기 없어도 제법 발이 맞다

—「봄날」 전문

「봄날」이란 제목을 달았지만 이 시에는 봄을 시사示唆하는 어떤 말도 없다. '햇볕이 환하게'라는 말이 있지만 해가 환한 날은 사 계절 어느 때나 있다. 그러나 대자연의 화사한 봄 풍경이 아니지만, 도시의 삭막한 회색 '아파트 마당'에서 벌어지는 일이지만, 어떤 봄보다도 아름다운 '봄날'의 정경이 펼쳐지고 있다. 아내를 먼저 떠나보낸 홀아비가 치매 걸린 어머니를 붙잡고 아파트 마당을 왔다 갔다 하고 있다. 어머니 운동을 시켜드리고 있는 것이다. 시골 운동회에서 아이들은 엎어지고 자빠지고 하지만 홀아비와 병든 어머니는 '제법' 발이 맞는다. 가슴 뭉클한 정경이다.

지금까지 시 몇 편을 보았지만 강미자의 글에는 말을 치장하는 수사가 별로 없다. 그 흔한 직유조차 보이지 않는다. 사실 '무기교의 기교'는 어떤 기교보다 시를 돋보이게 한다. 강미자의 시가 어려울 이유는 없다. 가끔 지나친 서사의 비약과 생략으로 쉬운 이해의 물꼬에 걸림돌을 만들 때도 있지만 대개는 충분히 이해할 수 있다. '덜 깬 밤술'의 등장에 잠시 멈칫하지만 만국기 없는 아파트 마당에서 벌어지는 두 모자의 운동회는 눈물겹기까지 하다. 시인은 시의 열매를 거두기 위해 먼 곳을 보지 않는다. 대신 '지금', '여기'로 표상되는 보통 사람의 현재진행형의 삶을 결코 놓치지 않으려 한다. 아파트 광장에서 운동하고 있는 모자를 보는 눈초리가 날카롭다.

6

백 편이 넘는 강미자의 시들은 전체적으로 고른 호흡으로 숨쉬고 있고 언어들도 제대로 있을 자리에 들어앉아 있는 것 같다. 오랜 시 공부의 결과일 것이다. 많은 시를 창작하다보니 물론 시적 대상도 다양하다. 꽃과 나무 같은 자연물을 견인하기도 하고 주위 사람의 살아가는 이야기가 있는가 하면 자신이 찾았던 마을과 산사의 풍광이 전개되기도 한다. 그 중 시인이 고독한 인간의 모습이 녹아든 석양이 비끼는 바다를 노래할 때 우리의 시선을 오래 멈추게 한다.

해 질 녘
낯설지 않은 곳에
낯설게
버스가 떠난다

방죽에 앉아
파도 소리 듣는다
식어버린 손전화 9번은
어디쯤 있는가

바다 끝자락에서
사내가 장작불로 노을을 굽는다
낚싯배도 가방 풀어 놓고
횟집들이 하나둘 일어선다

늦가을 붉은 해
금빛 만장 일렁일렁
바다 속으로 들어선다

사방이 낡은 신문지 속에 잠긴다

—「내포」 전문

'낯설지 않은 곳에/ 낯설게' 버스는 떠나버렸다. 좋은 도입부다. 자신을 태워 갈 버스는 떠나고 이제 화자는 외진 바닷가에 혼자 남겨져 파도소리를 듣게 된다. 끊임없이 화자와 세상살이를 묶어놓고 옥죄는 휴대폰도 어디에 던져졌는지 모른다. 기계문명의 속박에서 벗어난 화자는 외롭지만 자유스럽다. 버스와 휴대폰은 세상에 붙잡히고 옭매어지는 상징적 언어로 일시적으로라도 그것들과의 결별을 꿈꾸는 화자의 마음이 단적으로 드러난다.

바로 위에서 보는 것처럼 시에서의 언어 운용은 일상 언어를 무작위로 혹은 동일하게 사용하는 것이 아니라 그 의미하는 바를 확대시키거나 변형시켜 표현하게 된다. 문명의 이기는 때로는 생을 구속하는 도구로 변형되는 것이다. 시인은 면밀한 계획 아래 대상에 의해 환기된 정서를 자신의 언어로 조형한다. 이는 시인의 언어 운용의 방식 자체가 끊임없이 새롭거나 특별한 의미를 창출한다는 말과도 같다. 물론 조형상의 형식적 요소도 의미화된다. 일상 언어에서 의미를 갖지 못하던 언어 기호의 형식이 시에서는 하나의 의미를 띤다.

인용 시는 각 연이 '떠난다', '일어선다', '들어선다', '잠긴다' 처럼 동일한 형식의 종지형으로 마무리되고 있다. 이런 맺음의 반복은 일상에서는 어떤 의미도 없지만 시에서는 그 동작의 모습을 상기하며 추억과 정서, 그리고 상상력을 일깨운다.

화자는 '바다 끝자락에서' '장작불로 노을을 굽는' 한 사내를 보게 된다. 이 시에서 가장 돋보이는 대목이다. 여기서 '장작불로 노을을 굽는'다는 것은 우선 어떤 대상의 사진과 같이 '보이는 그대로'의 모습을 의미하고 독자도 그것을 인정한다. 한 사내가 밤새워 낚시를 하려는지 노숙을 하려는지 늦가을 한기를 피하기 위해 장작불을 피우고 있는 것이다.

'장작불'은 떨어지는 '해'를 연상하게도 한다. 따라서 노을을 '굽게' 되는 것이다. 장작불, 즉 떨어지는 해에 의해 '구워지는' 노을은 더 붉고 처연할 것이다. 더 나아가 늦가을에 혼자 바닷가에서 불을 지피는 사내에게는 삶의 외로움과 쓸쓸함이 더욱 처연하게 묻어 있다. 황혼의 해변에 떨구어져 파도소리를 듣는 화자의 정황도 마찬가지다. 하루가 끝나는 때를 알리듯, 외로운 두 사람에 조응이라도 하듯 '횟집들이 하나둘 일어선다' 여기서 '일어선다'는 말은 물론 '불을 켠다'는 의미를 공유한다. 이 외로운 두 사람에게 이 밤 무슨 일이 일어날 것인가.

'바다 끝자락에서/ 사내가 장작불로 노을을 굽는다'는 멋진 구절은 시인의 기획에 의해 원심력을 획득하고 그 의미를 형상으로, 연상으로, 상징으로 확대하고 있는 것이다. 이와 유사한 감각적 정경이 노을이 붉게 타는 간월도의 갯벌에서도 나타난다.

천수만 되새
어망 쫙- 펴는 걸 보셨는지요

—「서산바다」 부분

시에서 화자는 '간월암 갯벌'을 보았느냐고 우선 독자에게 묻고 있다. 그리고 자신이 본 그곳의 모습을 '한마디'로 설명한 부분이 바로 위 대목이다. 천수만에서 떠오른 철새들이 서산바다 갯벌에서 군무를 펼치고 있다. 까만 덩어리로 뭉치기도 하고 갑자기 '어망 쫙- 펴'듯 퍼지기도 한다. 저물어 가는 하늘에 하룻밤 쉴 곳으로 돌아가기 전 펼치는 마지막 아름다운 군무다. 그 넓은 갯벌에 집으로 돌아가는 몇 어부들이 있다면 모를까 사람들이 북적거릴 이유는 하나도 없다. 석양의 갯벌에는 언제나 삶의 쓸쓸함과 고독함이 짙게 배어 있다.

다시 「내포」로 돌아가 시의 마지막 연을 보자. 화자가 보고 느끼는 사방에는 '버스가 떠나고', '횟집들이 하나둘 일어서고', '늦가을 붉은 해가 바다 속으로 들어서고' 있다. 그 사방이 이제 '낡은 신문지 속에' 잠겨가고 있다. '낡은 신문'에 새로운 소식은 있을 수 없다. 추억하고 반추해야 할 과거가 있을 뿐이다. 일몰과 함께 오늘 하루도 영원한 과거로 돌아간다. 그리고 오늘이란 하루는 추억으로 남을 뿐이다. 삶을 조용히 관조하는 시인의 눈길에 우수가 짙다.

7

장르를 막론하고 문학은 결국 우리의 인생을 언어로 표현하는 것이다. 시인은 이번 시집에서 문학의 존재가치, 즉 삶과의 불가분한 관계가치를 정확히 인식하고 안정된 어법으로 이를 형상화시키고 있다. 주변 인물의 -특히 여성들의- 사회적 고통에 대해서는 페미니즘 시각으로 조용한 분노의 불길을 태우기도 하고, 현대문명에 속박된 우리의 삶을 관조하며 우수의 눈길을 보내기도 한다. 그러나 시인은 정치적이거나 소위 사회 참여적 발언은 삼간다. 우리가 견지해야 할 정당한 인식을 요구할 뿐이지 직접적 행동을 자극하는 언사는 없다. 문학이 본질적으로 가야 할 정도를 걷고 있을 뿐이다. 또한 자연의 생명을 노래하든 풍광을 노래하든 시인이 감상에 빠지는 일은 없다. 자칫 유치해질 수 있는 감상적 허위를 경계하고 있을 터이다.

시를 삶의 마지막 길동무로 삼겠다는 시인의 순결하고 구도적인 마음이 한결같길 바란다. 그리하여 애환이 점철되는 삶의 흔적들이 밤하늘의 별처럼 하나하나 기록되어 반짝거리길 기원한다.

강미자 시집

질경이

초판 인쇄 2013년 6월 17일
초판 발행 2013년 6월 20일

지 은 이 강 미 자
발 행 인 서 정 환
발 행 처 문예연구사

출판등록 1984년 8월 17일 28호
주 소 전주시 완산구 공북1길(태평동)
전 화 (063) 275-4000, 252-5633
팩 스 (063) 274-3131
메 일 sina321@hanmail.net

값 8,000원

ISBN 978-89-98524-63-0 03810

「이 도서의 국립중앙도서관 출판시도서목록(CIP)은 서지정보유통지원시스템 홈페이지(http://seoji.nl.go.kr)와 국가자료공동목록시스템(http://www.nl.go.kr/kolisnet)에서 이용하실 수 있습니다.(CIP제어번호: CIP2013009270)」